LK 2598

NOTICES

SUR

LA VILLE D'ELNE;

Par M. PUIGGARI.

La restauration du beau cloître de l'ancienne cathédrale d'Elne, et la célébrité que les savans crayons qui viennent de le reproduire attachent désormais à ce précieux monument du moyen âge excitant de plus en plus la curiosité publique, j'ai pensé que des renseignemens sur l'antique cité où il figure, pourraient plus que jamais offrir quelque intérêt à nos compatriotes et aux voyageurs qu'il attire.

Je vais donc faire connaître, à cet effet, le résultat de mes recherches et du peu de documens historiques dignes de considération qui ont échappé aux ravages du temps ou des Vandales et de leurs modernes émules. C'est, en grande partie, à cette dévastation que le lecteur devra s'en prendre des fâcheuses lacunes qu'il rencontrera dans cet opuscule.

ELNE DANS LES TEMPS LES PLUS RECULÉS.

Cette ville fut primitivement appelée ILLIBERIS. Polybe qui écrivait vers le milieu du 2ᵉ siècle avant J.-C., est le premier des auteurs connus qui en parle; mais tout ce qui nous reste de lui sur ce point se réduit à un passage conservé par Athénée où il mentionne les villes d'*Illiberis* et de *Ruscinon* ainsi que les deux rivières qui les baignaient respectivement sous les mêmes noms, effacés plus tard par ceux du Tech et de la Tet. Strabon et Ptolémée ont marqué aussi cette homonymie usitée anciennement à l'égard des petites rivières. Tite-Live qui a puisé à son gré dans Polybe, nous a transmis une particularité plus significative concernant Illiberis. Quoique généralement connue, il convient d'en donner ici le précis.

« Annibal, ayant franchi les Pyrénées (l'an 218. A. C.) vient « camper auprès d'Illiberis. Plusieurs peuplades de la Gaule « prennent les armes et se réunissent à Ruscinon. Annibal de- « mande une entrevue; les chefs de canton (1) de ces contrées « vont dresser leurs tentes près d'Illiberis. On négocie, l'armée « carthaginoise défile tranquillement le long des murs de Rus- « cinon. »

Observons dans ce petit récit qu'Illiberis n'arrêta pas un moment Annibal : c'en est assez pour conclure que cette localité était alors bien peu de chose.

Telle on la voyait encore, en effet, trois siècles après, comme l'attestent Pomponius Méla et Pline. Mais ces auteurs, dont le premier la qualifie de petite bourgade, nous apprennent aussi que ce n'était plus qu'un faible vestige d'une ville jadis considérable et très opulente (2).

Nous n'avons pas d'autre notion historique sur cet ancien état de splendeur; tout ce qui nous est permis, c'est d'en fixer le terme, avec M. Am. Thierry, à l'invasion des Volkes Tectosages

---

(1) Le mot celtique que les latins ont traduit par *regulus* est *Rhey*, prince, seigneur, chef de canton. Ne serait-ce pas de ce mot celtique plutôt que du latin *rex* que proviendrait celui de *rey* dans la langue romane et dans la plupart de celles qui en dérivent?

(2) *Vicus Eliberris magnæ quondam urbis et magnarum opum tenue vestigium*, dit Méla. Pline s'exprime à peu près de même, mais il écrit avec Polybe, Ptolémée et Tite-Live *Illiberis*, tandis que Strabon écrit *Ilyberris*. La substitution de l'*e* à l'*i* dans ce mot vient uniquement de ce que ces voyelles se confondaient autrefois tant en latin qu'en grec (V. Quintil, I, 7, et la Calliope de Minoïde Mynas, pag. 28) *. Quant aux liquides, souvent les auteurs, les inscriptions et les médailles les présentent tantôt simples et tantôt doubles dans les mêmes mots, et c'est l'ancien usage long-tems en vigueur de ne pas les doubler (Quintil, *ibid.*) qui a donné lieu à ces variantes.

(*) Voilà pourquoi, sans doute, le même Méla appelle *Tichis* le Tech que Pline rend par *Tecum*. Le nom de *Thelis* qu'il donne à la Tet n'est autre chose non plus qu'un archaïsme; car les anciens, au rapport de Varron, permutant *t* en *l*, disaient précisément *Thelis* pour *Thetis* (en parlant toutefois de la déesse et non de notre rivière).

qui eut lieu dans cette contrée deux siècles avant le passage d'Annibal.

Origine d'Illiberis.

Voyons maintenant à quel peuple Illiberis a pu devoir sa naissance, et cette prospérité dont six siècles n'avaient pas encore affaibli le souvenir.

Je résumerai d'abord, en deux mots, ce que j'ai établi ailleurs et perfectionné en dernier lieu, savoir : Que les *Sordi*, *Sordones* ou *Sardones*, sortis, vers l'an 1100 avant J.-C., de la ville de Tyr qui se nommait également *Sor* et même *Sar* (aujourd'hui *Sour*), étaient venus fonder des colonies sur nos côtes, et que notre *Ruscinon* (Castel-Roussillon) avait son homonyme dans la Libye phénicienne dont certains peuples étaient appelés en latin *Sordo-Libyci* ou *Sardo-Libyci* (1).

Etymologie d'Illiberis.

Ces précédens, auxquels il faut joindre l'homonymie de l'Illiberis sardon avec celui de la Bétique (2), incontestablement colonisée par les Phéniciens, font déjà pressentir sans doute l'origine qui nous occupe. Mais elle sera plus nettement déterminée, j'espère, par le moyen de l'étymologie que je vais reproduire, telle à peu près que je l'ai fournie à la statistique qui vient d'être mentionnée en note.

Je me crois fondé à dire que le nom d'*Illiberis* ou *Iliberis* se compose de deux mots phéniciens : *Ili* et *beris*, pour *berith*. Le premier qui, selon Bochart, se retrouve dans le syriaque *ilai* ou *illai*, signifie *élevé*; le second désigne tout lieu où il y a de l'eau stagnante ou coulante. La ville de Bérith (aujourd'hui Beyrout), en Phénicie, dit Etienne de Byzance, fut appelée

---

(1) V. mon Essai sur l'étymologie phénicienne de quelques noms de lieu du Roussillon, inséré, en partie, dans la Statistique pyrénéenne de M. Dumége. Voir aussi dans le Publicateur de 1833, n° 2, 3, 4, mon article sur Ruscinon, et de plus l'Histoire des Gaules de M. Am. Thierry, qui a paru postérieurement à la rédaction de l'Essai précité.

(2) Suivant l'opinion commune, cet Illiberis était à Elvira. Cependant le savant antiquaire Florez prétend, d'après des inscriptions romaines, qu'il occupait le quartier de Grenade appelé *Alcazaba*.

ainsi, parce qu'il s'y trouvait de l'eau (1). Tel est en effet le sens de *bér*, mot phénicien et hébreu qui a pour variantes *bir* et *baïr*. On sait que les idiomes hébraïque, phénicien, syriaque, chaldaïque et arabe sortis d'une même souche ont entre eux les plus étroits rapports.

Le changement de *berith* en *beris* n'est qu'une affaire de dialecte, puisque déjà les Chaldéens, par une permutation de lettres usitée parmi eux, prononçaient *beris :* c'est l'observation de Dom Calmet dans sa préface aux deux premiers livres des Rois. Disons aussi avec Selden, que les Européens auraient pu substituer dans ce mot un *s* au *th* final, par un effet de leur prononciation, comme ils l'ont fait dans d'autres mots phéniciens ou hébreux, tels que *venoth*, les filles; *bamoth*, les lieux hauts; *zaith*, olivier, qu'il ont changé en *Venos*, Vénus, *bômos*, autel, en grec, et Saïs, nom de ville.

Quant à l'adjectif *ili*, il convient parfaitement à Iliberis, bâti sur une colline d'où la vue s'étend délicieusement au loin. Il est reconnu que les plus anciennes villes d'Espagne dont le nom commence par *ili* ou *il* se trouvent sur des hauteurs. De ce nombre sont *Iliberis, Ilipa, Ilipula, Iliturgi*, dans la Bétique, *Ilerda*, dans la Tarraconnaise, etc., et j'en pourrais citer d'autres exemples hors de l'Espagne.

Ici j'entends les Basques révendiquer hautement l'étymologie et, par suite, la fondation d'Iliberis. Ce mot appartient, disent ils, à notre langue où il signifie ville-neuve, en le changeant *seulement* en *herriberri* ou *hiriberri*, et nous avons un *Ulibarri* et un *Uliberri* qui ont ce même sens. Ai-je besoin de faire sentir ce que cette interprétation a de forcé et de peu satisfaisant? Mais en altérant les mots à leur gré et sans s'embarrasser d'autre chose, en s'attachant au moindre rapport de son ou de forme, il n'est pas difficile aux Basques, ou, pour mieux parler, aux *Escualdunac*, de fabriquer, avec leur langue *escuara*, toute sorte d'étymologies, quelque baroques qu'elles puissent être. C'est ainsi, par exemple, qu'ils travestissent le nom bas-latin de Catalogne, *Catalonia*, en *Cataglaonia*, montagne des chats sauvages, sans compter que la dénomination de cette

---

(1) Ce géographe ajoute que *bér* chez les Phéniciens veut dire *puits* ou *citerne*. Toutefois Bochart a prouvé par divers passages de l'Ecriture qu'il ne signifie pas seulement puits, mais en général, source, amas ou courant d'eau.

province ne date que du moyen âge. C'est avec le même discernement qu'ils dérivent Versailles de *berza*, chaudron, et Paphos de *apho*, crapaud. En faut-il davantage pour juger leurs savans, sous le rapport de l'art étymologique? On peut voir dans le Manuel de la langue basque par M. de Lécluse et dans la Statistique pyrénéenne de M. Dumége, combien sont peu fondées, quoiqu'on en dise, les prétentions des Escualdunac touchant leur origine et leur langage (1).

PORT PRÉSUMÉ D'ILIBERIS.

Reprenons. Si Iliberis fut une ville phénicienne et une ville très florissante, il est évident que ses richesses ne pouvaient lui venir que du commerce maritime, et, par conséquent, son territoire devait s'étendre jusqu'à un port de mer de sa dépendance. Nous ignorons si le Port-Vendres (*Portus Veneris*) a jamais appartenu à cette colonie, sous quelque autre dénomination, avant que les Grecs à qui elle pouvait l'avoir cédé, lui communiquassent celle de leur Aphrodite dont le temple s'élevait sur le promontoire voisin. Il n'en est pas ainsi de Collioure ; son ancien nom *Cocoliberis* a une physionomie si phénicienne et tant d'analogie avec celui d'Iliberis qu'il suffira de l'analyser pour pouvoir affirmer que c'était là un port de nos Iliberitains.

D'après le célèbre Bochart, qui tire si rationnellement l'appellation de *Caucana*, ancien port de Sicile, des mots phéniciens et hébreux *Khoph* ou *Khop*, port, et de *Caneh*, roseau (*portus arundinosus*) (2), je pense que l'on peut expliquer tout aussi bien les deux premières syllabes de *Cocoliberis*. L'euphonie, le temps ou l'abus auront effacé à la longue le *phé* ou le *pé* de ces deux mots, mais le *pé* s'est heureusement conservé jus-

---

(1) Sur 3590 mots dont se compose seulement le Vocabulaire escuara publié par M de Lécluse, j'en ai trouvé le cinquième d'étrangers.

(2) *Caucana* avait son homonyme non loin de notre côte, à la presqu'île de Ste. Lucie entre le canal de la Robine, l'étang de Sigean et la mer (*Marca hisp.*, index) (*). — Observons que si l'on voit *Caucana*, et souvent *Caucoliberis*, écrits par *au*, c'est que les latins confondaient *au* avec *o* dans l'orthographe comme dans la prononciation: de là, *Claudius* et *Clodius*, *plaustrum* et *plostrum*, *lotus* et *lautus*, *caudex* et *codex*, *caurus* et *corus*, etc.

(*) Dans une bulle confirmative des propriétés de St.-Michel de Cuxa, il est fait mention d'un alleu de *Caucanet*, qui paraît avoir été sur la côte aux environs de St.-Hippolyte et de Torrelles. (*Marc. hisp.*, col. 981).

qu'à ce jour dans le nom roman de Collioure qui est *Coplliure*, qu'on écrivait *Copliure* dans le moyen âge, et *Coplieure*, en français, du temps de Louis xi.

Le redoublement de *co*, pour *cop*, dans *Cocoliberis* est très conforme à l'usage des Orientaux et au génie de leurs langues: témoin les noms topographiques *Ararat*, *Gadgad*, *Galgal*, *Ninive*, *Pharphar*, *Sachacha*. Mais ici une circonstance locale paraît avoir particulièrement motivé ce redoublement; c'est l'existence de deux ports à Collioure : le port d'amont et le port d'aval.

Reste à rendre raison de *liberis*. Nul doute que ce mot ne soit l'identique d'Iliberis, puisque l'aphérèse qui en fait la seule différence, avait également lieu à l'égard de l'Iliberis bétique. En effet, Pline en appelle les habitans *Liberini : Iliberis*, dit-il, *quod Liberini*, III. 1, et deux médailles de cette ville, l'une romaine et l'autre gothique, publiées par le P. Florez, portent, la première LIBER. et la seconde LIBERI, sans *i* initial.

Ainsi donc : *Cocoliberis*, dans son orthographe primitive, a dû signifier *Port* ou *Ports-Iliberis*.

Il est vrai de dire que cette localité ne se trouve pas mentionnée (non plus que tant d'autres) dans les anciens auteurs qui nous sont parvenus, et qu'elle ne commence à figurer que sur des martyrologes dont on fait remonter le prototype au 4ᵉ siècle. Mais qu'importe, lorsque des témoignages non moins sûrs que ceux des livres lui garantissent la haute antiquité et l'importance que lui suppose déjà son nom ? Ce sont des restes d'un aqueduc de construction romaine, découverts, il y a peu d'années, tout près du faubourg avec d'innombrables fragmens de verrerie et de fine et riche poterie; une amphore retirée du port, quantité de médailles du haut et du bas empire, d'Empories, de Gadès, de Sagunte, etc., exhumées dans la banlieue et recueillies, la plupart, par feu mon bien estimable ami, M. Jacques de St.-Malo, qui dans une dissertation inédite sur le martyre de St.-Vincent à Collioure, a signalé ces divers objets.

Etymologies confirmatives des précédentes.

Voici d'autres noms topographiques du côté de cette ville et de celle d'Elne qui justifient de plus en plus l'origine phénicienne de l'une et de l'autre.

Le cap *Biar*, nom si malencontreusement changé, de nos jours, en Cap *Béarn*.

Biar qui diffère si peu de *bêr*, *bir* et *baïr* en a aussi la signification en arabe. Il est employé avec le sens de puits ou citerne dans la langue punique actuellement usitée à Malte. V. la Gram. de cette langue par le chanoine Agio. Une mare, formée par les eaux du Costellas qui descend du col de Banyuls, a donné lieu à cette appellation. On en trouve le synonyme dans le nom de la plage de *las* ELMAS (des eaux) sur la même côte, soit que *elma* appartienne à la langue phénico-punique, comme l'enseigne Vassali, *Grammatica della lingua maltese*, ou que ce soit un mot arabe avec lequel l'article s'est identifié, comme le pense M. Silvestre de Sacy, Journ. des Sav., avr. 1829. Le nom même de Banyuls, *balncolæ* en latin, ainsi que ses nombreux analogues en divers pays, désigne un lieu voisin d'un amas d'eau.

Madaloch, ou plutôt *Madaloth* que donne une charte de l'an 1011 dans Marca, est le nom d'une montagne située entre Argelès et Banyuls, remarquable par sa tour, fautivement nommée la tour du Matelot sur la carte de Cassini. Ce nom de Madaloth s'explique à merveille par celui de *Mahaloth* (dégrés, montée, en hébreu) que portaient trois montagnes ou collines de la Terre-Sainte (1). La seule différence qui se trouve entre la dénomination primitive et l'actuelle, c'est que le *t* s'est insensiblement et abusivement changé en *c*, et qu'un *d* a pris la place de l'aspiration entre les deux *a*, sorte de permutations bien connues des linguistes. Voir pour plus de détails sur cet article et sur le suivant l'Essai et la Statistique déjà mentionnés, et de plus, pour *Madaloth* ce que j'en ai dit dans le *Publ.* n° 42 de 1832.

Cornella del BERCOL, autrefois BERCAL (2), bourgade près d'Elne. *Bercal*, dont le radical *bêr*, précédemment expliqué, trahit déjà l'étymologie et fait entrevoir le sens, se retrouve sous une forme à peu près identique, en hébreu et en syriaque dans *bereca*, étang, et mieux, en arabe, dans *berca*

---

(1) Il y a une autre montagne de Madaloth entre Arles et Montferrer, et là ce nom est un souvenir des établissemens des Sardons auprès de nos mines, de même que, plus loin, *Sordonia*, Torre Sardana.

(2) C'est ainsi qu'il est écrit dans trois chartes de la Marca hisp. datées de 882, 899, 902, et dans un acte du Chapitre d'Elne de l'an 1143, Recueil de M. Fossa.

qui est le même nom (Bochart). Or il ne saurait y avoir d'étymologie plus juste, puisqu'il a existé positivement auprès de cette localité un étang dont on voit encore le bassin, quoique desséché depuis la fin du 13e siècle (Arch. de l'hôpital St.-Jean de Perpignan). Bien plus, selon l'hébraïsant Fabre d'Olivet, le lamed de *bercal*, pourrait être considéré comme une consonne radicale qui ajoute quelquefois à la valeur du mot une idée d'extension.

Il est tems de revenir à mon principal objet, dont on trouvera peut-être que je me suis trop écarté.

Méprises sur le nom d'Iliberis.

Notre Iliberis a été confondu par quelques auteurs avec celui de la Bétique, et même avec Cocoliberis. En conséquence, on a chimériquement transporté à cette dernière ville le concile tenu en 305 dans cet Iliberis d'Espagne, et on en a fait le siége d'un évêché. Cette étrange confusion a donné lieu à l'erreur si accréditée, tout absurde qu'elle est, que le sol aride et montueux de Collioure fut choisi par Annibal pour y faire camper 90,000 fantassins et 12,000 chevaux. Il est fâcheux de voir que les réfutations de Marca, de D. Vaissète, de Danville, etc., à cet égard, aient été inconnues à Rollin et à ses copistes.

Epoque du nom d'Elne.

Le nom phénicien de la ville qui nous occupe se montre encore sur la table théodosienne, dressée dans le IIIe siècle (et non dans le Ve comme on l'a cru long-tems), selon les preuves qu'en a fournies le savant géographe Mannert. Mais le siècle suivant le vit changer en celui de *Helena*, syncopé par la suite en *Helna*, *Elna*. Nous ne pouvons déterminer au juste le temps, l'occasion ni l'auteur de ce changement. On peut bien croire toutefois que c'est au grand Constantin ou à quelqu'un de ses fils qu'il faut l'attribuer. Constantin, plein de vénération pour sa mère Hélène, en avait donné le nom à plusieurs villes et même à une province entière de l'Orient, *Helenopontos*. Il est vraisemblable, que pour que, l'Occident ne restât point privé de la même distinction, Iliberis fut rétabli sous le nom de *Castrum Helenæ*. Une circonstance inaperçue jusqu'ici, élève presque à la certitude cette conjecture: c'est l'appellation de *Constantina* aucunement nommés; ce qui prouverait, s'il en était besoin, l'extrême décadence de l'un et l'inexistence ou la nullité de l'autre, au 7ᵉ siècle. Du reste, en ces temps là, et même plus tard, les villes n'étaient rien, excepté les cités, comme l'observe le savant M. Michelet dans son histoire de France, tom. Ier, pag. 236.

INVASION DES MAURES.

L'an 725, les Maures envahissent le diocèse et s'y maintiennent pendant 35 ans. C'est assez dire ce que le pays, et en particulier la cité, eurent à souffrir de la part de ces barbares qui, à la même époque, détruisirent Tarragone, Empories, Ausone et Urgel (*Marc. hisp.*, c. 236). La cathédrale d'Elne, s'ils l'épargnèrent, dut être alors consacrée au culte mahométan, ainsi que toutes les autres églises dont ils pouvaient avoir besoin pour cet objet; car ces étrangers sans cesse harcelés et menacés de perdre cette partie de leurs conquêtes, ne purent jamais songer à bâtir des mosquées ni d'autres édifices dans des lieux dont la possession était pour eux si précaire. Une preuve, du reste, de leur intolérance et de leurs dévastations c'est l'énorme lacune qu'offre notre épiscopologie de l'an 684 à l'an 783.

RAVAGES DES NORMANDS.

Dans le neuvième siècle, de nouveaux désastres fondent sur le Roussillon déjà plusieurs fois ravagé par les incursions des Maures depuis leur expulsion. Vers l'an 859, les Normands portent le fer et la flamme sur la côte, ruinent plusieurs villes, entre autres, Elne et Ruscinon, avec l'abbaye d'Arles (D. Vais. Marca, Rec. des histor. de France).

Il conste de diverses chartes que dans ce même siècle la ville d'Elne était appelée *Rosciliona*, son église *Rossillionensis ecclesia*, et son évêque, *Roscellensium episcopus* (V. Marc., Vaiss., Fossa), tandis que Ruscinon n'était plus que *Castellum Rossillio*, dès 870. D'un autre côté, dans une charte du roi Eudes, de l'an 889, le comté de Roussillon, est appelé *Comitatus Elenensis* (Hist. de Lang., tom. II. Pr. p. 24).

RESTAURATION ET DÉDICACE DE LA CATHÉDRALE.

En 916, l'évêque Riculfe, représenta au roi Charles le Simple, que sa cathédrale et presque toutes les églises de son diocèse étaient si délabrées, qu'il ne pouvait suffire par lui-même à les réparer; et le roi, à la prière de la reine Adélaïde, sa mère, fit don à l'église d'Elne de quelques bénéfices ecclésiastiques et de la moitié des droits domaniaux du comté de Roussillon. L'année suivante, sur la recommandation d'Arnuste, archevêque de Narbonne, le même prince accorda de nouvelles faveurs à notre évêque (*Marca.*, *Vaiss.*, *Foss.*) Observons que dans ces diplômes on n'attribue nullement aux ravages des barbares l'état où se trouvaient nos églises. Il paraîtrait donc que c'était l'effet de leur vétusté et du malheur des temps qui n'avait pas permis d'en prévenir la destruction.

La cathédrale d'Elne était entièrement réparée. L'évêque Helmérade ou Almérade, frère des deux comtes de Roussillon Bencion et Gausbert, considérant que cette église, déjà presque vieille (*jam penè vetusta*), n'avait pas été consacrée depuis longtems et qu'on n'avait même pu trouver aucun indice de consécration, appela auprès de lui les évêques Guimera, de Carcassonne, Gui, de Gérone et Kérifons, de Carpentras, pour en faire la dédicace, qui eut lieu le 1er septembre 917 (1). En même temps, il mit cette église en possession des biens légués par son prédécesseur Riculfe, du village de Palol dont l'avait gratifiée le comte Bencion et de l'aleu de Mudagons (*de Mutacionibus*) que le comte Gausbert, présent à la solennité, offrait en ce moment à Ste. Eulalie. Lui-même ensuite fit don à Dieu et à la même Sainte de son domaine de Monistrol sur la côte du comté de Barcelone, et de quelques objets précieux à l'usage de l'autel, parmi lesquels étaient une crédence d'argent, d'*un travail exquis* et une grande aiguière de même métal avec sa cuvette. (Marca, D. Vaiss. Gallia.)

Fables concernant la Cathédrale.

S'il fallait s'en rapporter à Baluze et à la nouvelle *Gallia christiana*, la cathédrale d'Elne anciennement située dans la ville basse, après avoir été deux fois détruite par les Sarrasins, aurait été rebâtie, pour plus de sûreté, au haut de la colline où elle est aujourd'hui, en l'an 1019, par l'évêque Bérenger (III),

---

(1) Voir pour cette date, inexacte dans Baluze, Hist. de Langued, T. II. Note VI, pag. 533.

que porte entre Elne et Palau un triage où l'on retrouve de nombreux vestiges d'antiquités.

Assassinat de Constant.

Un évènement tragique donna en 350 (13 ans après la mort de Constantin) une triste célébrité au Château d'Hélène. Constant Ier, *Flav. Jul. Constans*, empereur romain, 3e fils de ce prince, poursuivi depuis Autun par des émissaires du traître Magnence, usurpateur de ses états, fut atteint et assassiné dans ce château par Gaïson, le chef de ces émissaires, tandis qu'il allait chercher un port en Espagne pour s'y embarquer. Ce fait est rapporté par plusieurs auteurs contemporains, ou à peu près, Sextus Aurelius Victor, Eutrope, St.-Jérôme, Orose, Idace, Zosyme, et Zonare l'a confirmé dans le 12e siècle.

On montre dans le cloître qui donne lieu au présent écrit, un fragment de pierre d'environ 15 pouces sur 12, où se trouve sculpté le monogramme grec de J.-C. et que la tradition donne pour un reste du sarcophage de Constant. Quelque bien fondée que paraisse cette tradition, on ne peut se défendre cependant de quelque doute, quand on voit tant de sarcophages de l'époque présenter le même monogramme et le même genre d'ornemens que ce débris.

Les Vandales en Roussillon.

En 408, dit l'histoire, les Vandales accompagnés des Alains et des Suèves se cantonnèrent du côté de nos Pyrénées, et après avoir envain tenté d'entrer en Espagne par les défilés de ces monts, ils s'arrêtèrent chez nous, en attendant une occasion qui ne se présenta que l'année suivante. Sans doute qu'elles ne ménagèrent pas Elne ces hordes féroces dont le chef croyait s'immortaliser par le ravage des provinces, par la destruction des monumens et des édifices qui pouvaient rappeler la gloire du nom romain, et qui, selon Procope, ne laissaient debout dans les villes tombées en leur pouvoir que quelques tours ou quelques portes comme des souvenirs de leur funeste passage.

Domination des Visigoths. — Évêché a Elne.

En 414, ce fut le tour des Visigoths, lorsque chassés des Gaules qu'ils avaient désolées pendant deux ans, ils se jettèrent dans la Péninsule. Mais rétablis 15 ans plus tard dans ces mêmes Gaules, et, après diverses vicissitudes, y étant restés définitivement maîtres, dans le 6ᵉ siècle, de la seule Septimanie qui comprenait notre territoire, ils s'occupèrent de la prospérité de cette portion de leurs Etats gallo-hispaniques. Elne fut restauré alors et élevé au rang des cités, de préférence à Ruscinon, moins considérable, sans doute, ou moins heureusement situé, et on y érigea un siége épiscopal dont le diocèse démembré de celui de Narbonne demeura sous la dépendance de cette métropole. On ignore l'année où eut lieu cette érection; mais on peut affirmer que ce fut vers le milieu du 6ᵉ siècle, en même tems que celle du siége de Carcassoune, et il est très naturel de croire avec M. de Marca et les historiens de Languedoc, que ces deux évêchés furent institués en compensation de ceux d'Usez et de Lodève perdus pour les Visigoths, depuis que les Franks avaient repris sur eux ces deux villes, en 535.

Le premier évêque d'Elne sur lequel on ait des renseignemens positifs, est *Domnus*, mentionné dans la chronique de l'abbé de Biclar ou Biclaro (dioc. de Gérone), année 571, en ces termes: *Domnus, helenensis ecclesiæ episcopus, clarus habetur.* Cette honorable réputation de *Domnus* n'est pas aussi extraordinaire dans ces temps là qu'on pourrait le penser, attendu que les rois visigoths, bien qu'ils professassent l'arianisme, prenaient beaucoup de part à l'élection des évêques catholiques et faisaient en sorte que les siéges vacans fussent remplis par de dignes sujets. (Marca, D. Vaiss., Fleuri, Gall. christ., etc.)

Après cette époque, et pendant plusieurs siècles, les faits qui concernent Elne sont si clairsemés dans nos fastes et si dénués de détails intéressans, qu'on ne peut les présenter que sous la forme de simples notes chronologiques.

Passage de Wamba.

En 673, Wamba, roi des Visigoths se reposa deux jours dans cette cité, après avoir triomphé dans la Septimanie de la rebellion du Duc Paul.

Il est à remarquer que dans le récit de cette expédition que nous a laissé Julien de Tolède, auteur contemporain, il est parlé non seulement d'Elne, mais encore des forteresses de Cocoliberis, d'Ultréra, des deux Cluses et de Sordonia emportées par Wamba, tandis que Ruscinon et Perpignan n'y sont embarras. Ainsi, Taberner imagine que Bérenger iv fit achever en 1058 l'église commencée en 1024, par Bérenger iii, et les éditeurs de la *Gallia* pensent que cette église avait été détruite *peut être* une troisième fois. Mais par qui enfin? Ce n'aurait pu être encore, suivant leur préoccupation, que par les pirates sarrasins, et il en résulterait cette absurdité que des barbares musulmans seraient venus faire réparation et restitution au Chapitre, pour obtenir le pardon de leurs péchés.

Le comble de l'étonnement, c'est qu'on n'ait jamais remarqué, d'ailleurs, que l'évêque, au lieu de destiner à la réédification de l'église ce qui est restitué par lui-même et par d'autres, le donne aux chanoines, avec pleine et entière liberté d'en disposer comme ils voudront, pour le service de Ste-Eulalie : *trado nutum et dominium ad quod voluerint faciendum in Sanctæ Eulaliæ servitio*. En définitive, l'église d'Elne n'a été ni reconstruite, ni consacrée en 1054.

Spoliation et restauration du Chapitre.

Une lettre encyclique du Chapitre d'Elne, en date de 1064, rapporte des faits intéressans, inconnus jusqu'ici. En voici une traduction exacte, quoique resserrée.

« L'église de Sainte Eulalie comblée de dons et de bienfaits
« s'était élevée à un haut point de splendeur. Ses chanoines
« heureux et satisfaits de la vie commune et regulière à laquelle
« ils avaient été assujétis, accrûrent leurs revenus et se donnè-
« rent des syndics et des défenseurs (ou avoués), pour pouvoir
« vaquer librement à l'oraison. Du temps donc de l'évêque Bé-
« renger (iii) et par délibération capitulaire prise avec lui, l'ad-
« ministration des biens du Chapitre fut commise à l'archidia-
« cre Uzalgar ; mais bientôt l'infidèle économe s'appropia ces
« biens et s'en assura la possession par la force des armes et l'ap-
« pui de ses satellites. Les chanoines profondément affligés de
« cette spoliation, implorèrent le secours du métropolitain (1),
« des comtes de Roussillon (2) et d'autres puissans seigneurs.

---

(1) Guiffred, archevêque de Narbonne.

(2) Gausfred II et Guilabert son fils. Ils sont également qualifiés tous les deux de comtes de Roussillon, dans les actes du 2e concile de Toluges où ils assistèrent. V. *Marca, de Concord.*, et les Constitutions de Catalogne.

« L'archevêque touché de leur plaintes vint à Elne avec ces
« hauts personnages, pour obliger l'archidiacre à se dessaisir
« de sa proie ; mais les instigations du démon triomphèrent de
« tous leurs efforts. Bien long-tems après, le Seigneur parut en-
« fin sensible aux prières et aux larmes des chanoines : l'usur-
« pateur fut tué dans un combat, et son frère, le vicomte (de
« Castelnou), qui avait aidé à sa mort (*hujus necis adjutor*),
« le suivit de près au tombeau. Malheureusement il resta deux
« rejetons de cette race, Udalgar, vicomte, et Guillaume, ar-
« chidiacre (1) qui s'emparèrent encore par violence de tous
« les revenus du Chapitre, malgré les réclamations réitérées
« des chanoines, de l'évêque Bérenger (iv) et de ses successeurs
« Arnal et Suniaire (iii) (2). »

« A la mort de ce dernier, l'archevêque désireux de mettre
« fin à un si grand scandale, ne crut pouvoir mieux faire que de
« nommer au siége d'Elne Raymond (Ier), sujet aussi distingué
« par son mérite que par sa naissance (3). Ce prélat partagea
« l'affliction et compatit aux misères des chanoines. Après avoir
« tenté sans succès auprès des spoliateurs la voie de la persuasion
« et des promesses, il recourut aux armes spirituelles et fit fer-
« mer toutes les églises du diocèse. Alors ceux-ci, frappés de la
« crainte de Dieu et couverts de confusion, vinrent devant l'é-
« vêque et son chapitre reconnaître leur iniquité et rendre ce
« qu'ils avaient ravi à Ste. Eulalie. Ils ont pourtant retenu quel-
« ques effets, pour la restitution desquels nous devons prier
« Dieu de leur toucher le cœur (4). »

---

(1) Ce Guillaume qui était neveu d'Uzalgar, prend le titre de vicomte de Castelnou avec celui d'archidiacre d'Elne dans son testament fait en 1091. (*Marc. hisp.*). Un autre Guillaume de la même famille joignait aussi et dans le même tems le premier de ces titres à celui d'Abbé de St.-Paul de Narbonne Il paraît que la possession par indivis du domaine paternel était en usage dans cette maison.

(2) Une avarie sur l'autographe n'a pas permis de lire ce nom à la suite du mot *alius*; mais on le trouve dans Taberner qui conséquemment a un acte du Cartulaire d'Elne émané de Suniaire en 1062, place cet évêque immédiatement après Arnal.

(3) Il était fils de Hugues et frère de Pons, comtes d'Empurias.

(4) Un de ces effets était, sans doute, le revenu des paturages du diocèse, dont la division fut fixée en 1070, par une transaction conclue entre le même évêque et le vicomte Udalgar (Fossa, Cartulaire d'Elne).

sur le plan de celle de Jérusalem qu'il aurait été prendre lui-même. Mais ces faits n'ont et ne peuvent avoir d'autre fondement qu'un narré trouvé aux archives du Chapitre et inséré dans la Marca hispanica, col. 1148, narré qui porte précisément tous les caractères de la fausseté, comme l'a déjà démontré M. Fossa, Mém. pour l'ordre des avoc., p. 61.

Il est d'abord à remarquer que cette pièce est sans date et sans nom d'auteur.

2° On y conte que l'église était primitivement dédiée à la Vierge Marie, et qu'elle fut reconstruite sous le vocable de Ste.-Eulalie et de Ste.-Julie, en 1019, tandis que tous les monumens, qui concernent cette église, depuis l'an 898, jusqu'à l'an 1340, ne lui donnent jamais d'autre patronne que Ste. Eulalie. Vingt-quatre de ces monumens sont cités et spécifiés dans le Mémoire de M. Fossa.

3° On y fait voler dans le XIe siècle, par un comte de Roussillon qu'on ne nomme point, à Mérida, qu'on place en Portugal, les reliques des deux Saintes susénoncées qui n'étaient plus dans cette ville, mais à Oviédo, depuis l'an 776. V. *ibid.*

4° On y fait mourir en 1020, l'évêque Bérenger (III) qui consacra en 1025 l'ancienne église de St.-Jean de Perpignan, et à qui on n'a trouvé jusqu'ici d'autre successeur immédiat que Suniaire (II) dont le premier acte connu est de l'an 1051.

J'ajouterai une objection bien puissante qu'il est étonnant qu'on n'ait pas faite encore : c'est que la cathédrale d'Elne ne ressemble en aucune manière à l'église de Jérusalem, attendu que celle-ci est et fut toujours composée de deux rotondes contiguës dont l'une, qui renferme le St.-Sépulcre, forme la nef, et l'autre contient le chœur avec le Calvaire.

CHARTE MAL INTERPRÉTÉE.

La *Marca hispanica* fournit, sous la date du 4 des ides de décembre 1058 (pour 1054) (1), un autre document tiré du cartulaire d'Elne qui donne aussi matière à discussion.

---

(1) L'acte porte, l'an mille, indiction VI, 28e année de Henri, roi de France. Baluze s'attachant à cette dernière date a changé, à sa fantaisie, en X le V de la seconde, et rapporté ainsi les deux à l'an de J.-C. 1058. Les éditeurs de la Gallia Christiana voyant que ce millésime obligeait de faire, contre toute raison, deux évêques d'un seul, n'ont admis comme exacte

Il est intitulé : *Acta dedicationis ecclesiæ Helenensis*, et il n'y a pas un mot dans le texte qui ait le moindre rapport à une dédicace; mais c'est, à n'en pouvoir douter, un acte de donation et de restitution, *scriptura donationis et emendationis*, ainsi qu'il est qualifié aux lignes 3o et 5o. Cependant Baluze, après avoir convenablement caractérisé cette charte dans sa chronologie en a conservé, sans aucun correctif, le titre factice dans l'appendix; d'un autre côté, les éditeurs de la Gallia, l'épiscopologista Taberner et plusieurs autres, ont cru, sur la foi, à ce qu'il paraît, de cet indice si évidemment faux, que l'église d'Elne fut consacrée de nouveau les jour et an précités. Ce n'est guère qu'à la malheureuse influence du narré apocryphe que l'on peut attribuer un tel aveuglement. Entrons dans les détails de l'acte.

Le 4 des ides de décembre 1054, y est-il dit, l'archevêque de Narbonne (Guiffred), les évêques de Gérone et de Carcassonne avec leur suite, plusieurs Abbés et une foule d'autres personnes distinguées, parmi lesquelles se trouvaient les comtes de Roussillon et de Cerdagne, se réunirent à Elne, pour en relever le siége (*ad reædificandam sedem sanctæ Eulaliæ*). En leur présence, les auteurs de sa ruine indemnisèrent le chapitre, afin de racheter leurs péchés : *Destructores ecclesiæ dederunt emendamentum ad canonicam sanctæ Eulaliæ, pro peccatorum suorum redemptione*. « Et moi, dit l'évêque dio-
« césain Bérenger (IV), en expiation des énormes délits dont je
« me suis rendu coupable envers Sainte Eulalie, je donne et
« restitue, (*dono et emendo*) à jamais et en toute propriété au
« même chapitre, le village de Salelles (1). »

Les mots *ad reædificandam sedem* et *destructores ecclesiæ* ont été pris constamment dans un sens matériel qu'ils ne sauraient avoir ici et qui ne produit même que des difficultés et des

---

que l'indiction VI qui réduit 1058 à 1053. Mais l'autre date toujours plus sûre, et deux fois exprimée d'ailleurs dans l'acte, se trouve très correcte, pourvu qu'on la prenne au sacre de Henri (1027), ainsi que l'usage y autorise; elle aboutit alors à l'an 1054, sans autre inconvénient qu'une unité de plus, peut-être, dans l'indiction.

(1) Ce fief avait été acheté en 927 par l'évêque Wadalde, non pour la mense épiscopale, mais *pour son église*. (Fossa, Cart. d'Elne; *Gall. christ.*)
Nous verrons bientôt que tous les usurpateurs des biens du Chapitre n'imitèrent pas dans ce concile la conduite de l'évêque.

« Cependant, au moyen de ce qu'ils ont restitué et avec le « secours des chanoines, des comtes et des principaux du pays, « l'évêque travaille à rétablir la maison canonicale, et il en a « même augmenté la dotation aux dépens de la mense épisco- « pale. Il institue 24 chanoines, qui devront contribuer, cha- « cun pour sa part, à l'entretien de cette maison; il a promis « enfin, par serment, de ne jamais s'ingérer de leur police in- « térieure et de n'agir en toutes choses que comme leur con- « frère et leur aide (1). » (Portef. de Fossa; dépôt de chartes du royaume. V. *Marca hisp.*, col. 455.)

Autel d'argent a la cathédrale.

En 1069, l'évêque Raymond, le comte de Roussillon, son épouse et les fidèles de toute classe firent construire, à leurs frais, dans la cathédrale d'Elne, un maître-autel revêtu d'argent fin. Ce revêtement consistait en un grande plaque de 9 pieds, 3 pouces de long, sur 5 pieds, 7 pouces de large, rehaussée de diverses pièces de filigrane qui encadraient dans de petites niches des personnages bibliques, en bas relief (Public. N° 2, 1836).

Une inscription lapidaire, des plus anciennes du moyen-âge qui nous restent, témoigne de l'érection de ce monument. Je vais la transcrire exactement, sans pourtant la figurer, telle qu'on la lit en deux parties, l'une sur le côté droit et l'autre sur le gauche de l'autel actuel.

Anno lxviiii post millesimo incarnacione

dominica indiccione vii reverentissimus

episcopus istius ecclesie Raimundus et

Gaufredus comes simulque Azalais comitissa

pariterque homnibus hominibus istius terre

potentes, mediocres atque minores jusserunt

---

(1) *Socius eorum et adjutor in omnibus.*

hoc altare in honorem Dei nostri Jesu
Christi et martiris hac virginis ejus Eulalie
edificare propter Deum et remedium
animas illorum.

Illos et illas qui ad hoc altare adjutor-
ium fecerunt cum consanguinibus
illorum tam vivis quam et defunctis
electorum tuorum jungere digneris
consorcio.

Conçoit-on maintenant que Baluze ait pu trouver dans ces lignes une preuve irréfragable de la consécration de l'église d'Elne en 1069? (*Marca hisp.*, col. 458). Tant d'aberrations sur ce point, relevées dans des ouvrages estimés, font bien voir combien nous avons souvent tort de nous dispenser d'examiner sévèrement les faits qu'ils renferment, dans l'aveugle prévention où nous sommes que leurs savans auteurs n'ont rien avancé à la légère.

En 1724, l'autel d'argent était si détérioré que le Chapitre se détermina à le remplacer par celui de marbre qui subsiste aujourd'hui. La matière qu'on en retira se trouva d'un poids montant à la valeur de 10,347 liv. 15 sous. Une nouvelle inscription fut gravée en mémoire de ce changement (*Public.*, n° précité).

Brigandages des Sarrasins.

En 1134, au milieu d'un concile réuni dans la cathédrale de Narbonne, Udalgar, évêque d'Elne, qui s'y trouvait, se leva pour exposer l'état déplorable de son diocèse. Les Sarrasins y faisaient de fréquentes incursions, massacraient les chrétiens ou les emmenaient captifs, et dans ce moment, en échange de ceux qu'ils tenaient en leur pouvoir, ils demandaient cent jeunes vierges. Mais ce prélat s'était engagé lui-même envers les pirates à racheter les malheureux esclaves, à prix d'argent, comptant pour cet effet sur des secours de la part des enfans de l'église. Touchés de ce récit, l'archevêque et les autres pères du Concile décrétèrent de recourir à la piété des fidèles de toute la province narbonnaise, et afin d'en obtenir plus facilement des aumônes, ils accordèrent indulgence plénière, excepté pour les péchés publics, à tous ceux qui contribueraient à la délivrance des captifs roussillonnais (*Marca hisp.*, *Gallia christ.*).

Droit de vindicte accordé a Elne.

En 1155, l'évêque Artal et son Chapitre permirent aux habitans d'Elne de murer la ville et de venger au dehors par la force des armes les torts et les injures qu'ils pourraient recevoir. Si cette prérogative ne constate pas d'une manière précise l'octroi d'une charte de commune, elle semble bien, du moins, le supposer. Quoique la ville ne fût pas alors entourée de remparts, elle était néanmoins défendue par une forteresse (l'ancien *castrum Helenæ*, sans doute) mentionnée dans le cartulaire du Chapitre, sous la date de 1140.

Juridiction ecclésiastique.

Les rois de France, Louis-le-Pieux, Lothaire et Charles-le-Simple, avaient accordé ou confirmé à l'église d'Elne un territoire propre, avec pleine juridiction (*Marca*, tit. 6, 10, 13, 57). Ces priviléges furent méconnus dans la suite, sous les successeurs de ces princes; mais l'évêque Guillaume d'Ortafa, qui siégea de 1205 à 1209, en obtint la réhabilitation, comme le témoignent son épitaphe, sur un mur du cloître, et la charte donnée à ce sujet par Pierre II, roi d'Aragon, alors régnant (1). Cependant, dans ce diocèse, de même que dans les autres, cette juridiction, après un long flux et reflux, comme dit Montesquieu, finit par reculer devant la juridiction royale.

---

(1) Le précis de cette charte se trouve dans un manuscrit de ma bibliothèque, lequel est un recueil d'actes et de notes concernant l'église d'Elne, rédigé dans le 16ᵉ siècle, par François Barasco, notaire, chanoine d'Elne et de St.-Jean de Perpignan.

Siége et Ruine d'Elne.

Rien de remarquable sur Elne dans le 13ᵉ siècle jusqu'à l'histoire de sa ruine, en 1285. Les circonstances de cet évènement sont diversement rapportées par les auteurs; mais je ne crois pas qu'on puisse suivre de meilleur guide, à cet égard, que le judicieux Zurita.

En 1285, quand Philippe-le-Hardi allait s'emparer des États de Pierre III roi d'Aragon, dont le Pape avait disposé en faveur du comte de Valois, deuxième fils de France, la ville d'Elne, qui tenait pour le prince injustement dépossédé (ainsi que Castelnou et Montesquiu) ferma ses portes au Français. Beaucoup d'habitans du Roussillon s'étaient retirés dans ses murs, avec leurs femmes et leurs enfans, et quantité de provisions; mais il n'y avait point de gens de guerre dans la place pour la défendre. On en demanda au roi Pierre, et il y envoya un baron catalan très distingué, nommé Ramon d'Urg (prononcez *Ourj*) qui s'y introduisit dans la nuit avec une trentaine de chevaux. Les habitans étaient fort divisés entre eux et obéissaient avec peine à ce commandant. Celui-ci, craignant qu'ils ne le livrassent à l'ennemi ainsi que la place, sortit de nuit avec sa troupe, laissant les armes et les chevaux. Cependant les habitans, malgré leur peu de forces, opposèrent la plus vigoureuse résistance. Mais les attaques furent si vives et si multipliées que, forcés enfin de céder, ils eurent à souffrir tout ce qu'on peut attendre de plus cruel de la part d'un vainqueur irrité. La ville fut saccagée et la plus grande partie des édifices livrés aux flammes. Tel est le récit de l'annaliste d'Aragon.

L'historien catalan Muntaner prétend que, par ordre du roi de Majorque ligué contre Pierre, son frère, l'évêque d'Elne étant sorti avec son clergé au devant de Philippe, pour le recevoir honorablement, les soldats français massacrèrent les prêtres, les laïques, les femmes et les enfans. Nos épiscopologies ne disent pas un mot de cette procession, et il est si faux qu'on ait fait alors main basse sur le clergé que, deux ans après, l'évêque Bérenger V, qui occupa le siége depuis 1282 jusqu'à 1290, trouvant le nombre des chanoines excessivement accru (*effrenis numerositas*) le réduisit à celui de quinze, par délibération prise avec son conseil (*Gall. Christ.*, Pr. col. 489) (1).

---

(1) Ce n'est pas, à coup sûr, conséquemment au dire de Muntaner qu'a

Guillaume de Nangis (*Gesta Phil. III*) met à la tête des assiégés un commandant qu'il appelle le bâtard de Roussillon, dans la supposition peut-être que c'était un fils naturel, ou soi-disant tel, de feu Nunyo Sanchez, seigneur du Roussillon. Sur le point, dit-il, d'être forcé dans le clocher de la cathédrale, où il s'était réfugié, le bâtard ne dut son salut qu'à l'intercession du roi de Majorque, et par reconnaissance il montra aux Français un passage secret à travers les Pyrénées.

Mais quelle foi mérite d'ailleurs ce chroniqueur qui appelle Elne, *Janua* (*Januam cognominatam superbam quæ patebat quasi in januis*)? Ignorant le nom de cette ville, il avait mal lu probablement *Helenam, Helnam*, ou bien encore *Hennam* ou *Heunam*, comme bien des gens prononcent même aujourd'hui. Du reste, il pousse le fanatisme jusqu'à regarder la ruine d'Elne comme *un châtiment justement ordonné par le légat* (Jean Cholet) *contre un peuple insensé qui, mettant son appui sur un faible roseau, tel que Pierre d'Aragon, roi excommunié, avait méprisé le commandement de l'église et de ses ministres.*

On sait à quoi aboutit cette indigne croisade.

Conjectures sur le Cloître.

Il a été dit plus haut que sainte Julie n'a partagé avec sainte Eulalie le titre de patronne de l'église d'Elne qu'en 1340. C'est en effet le 27 avril de cette année que le célèbre évêque Gui de Terrena, par délibération prise avec son Chapitre, retira les reliques de ces deux saintes de l'intérieur du maître-autel où elles étaient renfermées, pour les exposer désormais à la vénération des fidèles, et qu'il institua une fête solennelle en mémoire de cette translation (*Marc. hisp.*, col. 1466). Ce décret, comme l'observe M. Fossa, est la première pièce authentique de l'église d'Elne où il soit fait mention de sainte Julie.

été fabriqué le récit de Guillaume Cerra, clerc de Narbonne, inséré dans la *Gall. Chr.*, Pr. p. 489. On fait conter à ce clerc, en 1286, que les soldats français ayant, en sa présence, brisé la châsse et dispersé les reliques de sainte Eulalie sur le pavé (ce qui se verra authentiquement démenti tout à l'heure), il s'en appropria deux fragmens; et qu'ignorant de quel saint ou sainte étaient ces reliques, il le demanda *au doyen, aux prêtres de l'église et à d'autres personnes qu'il trouva en ce même lieu.*

On peut tirer delà une conséquence très remarquable : c'est que les deux saintes figurant ensemble parmi les bas-reliefs de la colonnade du cloître, il y a bien lieu de croire que cette décoration architecturale n'a été entreprise que depuis l'époque susdite de 1340. Mais voici des faits qui donnent à cette forte présomption le plus haut degré de probabilité.

Nous voyons dans les Constitutions synodales de Raymond (VIII) en date du 17 mai 1380, ce prélat ordonner que, tous les jours de dimanches et fêtes, il soit fait dans chaque église une quête privilégiée et en première ligne, avec concession de quarante jours d'indulgence pour tous ceux qui y répondront, à l'effet de construire un ouvrage (ou l'ouvrage) de la cathédrale : *pro opere Elnensis ecclesiæ construendo*. De plus, vu l'insuffisance des ressources de la Fabrique pour mettre à fin l'ouvrage *commencé*, il statue que les revenus de la première année des bénéfices vacans, en ce moment et à l'avenir, dans l'église d'Elne, et la moitié des autres dans le reste du diocèse, seront appliqués à la même Fabrique, jusqu'à l'entière perfection des travaux (1). *Marc. hisp.*, col. 1474.

On conviendra qu'il ne fallait pas moins que de tels expédiens pour l'exécution d'une entreprise comme celle du cloître, et rien n'annonce qu'il en ait été employé de pareils auparavant ni dans la suite. Et qu'on ne dise pas qu'il pouvait s'agir de quelqu'autre ouvrage; car de tous ceux qui paraissent évidemment ajoutés à l'édifice principal, le cloître est le seul que puisse désigner le document ci-dessus, à raison de l'importance et de l'époque.

Ainsi, l'ancien chœur, dans la nef, se trouvait terminé à la fin du XIIIe siècle, suivant cette inscription copiée avant que 89 le fit disparaître :

Anno Domini mccxcIIII, III idus septembris, Bartholomeus cum duobus filiis, de Perpiniano fecit partem istam chori.

---

(1) Il y avait alors près de cent bénéficiers à l'église d'Elne (*Marc. hisp.*, col. 1478) et plus encore à St.-Jean de Perpignan (MS. du chan. Coma, p. 233).

Cette construction en arrière de l'apside qui, interrompue et reprise, est restée à jamais imparfaite, ne fut commencée que vingt-quatre ans après les statuts de Raymond. La preuve en existe dans un acte du 4 avril 1404, par lequel Jacques, abbé de St.-Genis, inféoda une carrière de marbre, ou d'autre pierre, située sur la chapelle de St.-Laurent, près de Rocavella, à l'évêque Barthélemi, qui voulait bâtir le chef (ou le haut) de l'église d'Elne, ou en couvrir (extérieurement) le sanctuaire : *operari caput ecclesiæ*, ó PER COBRIR LA CAPELLA MAJOR DE LA SEU (Procédure relative à la délimitation du territoire de St.-Genis; Bibl. publ.). Le plan était, et la tradition le confirme, de prolonger les collatéraux autour du rond-point, avec des chapelles, à l'instar de ce qui se voit à l'église de St.-Just de Narbonne, à celles de St.-Étienne et de St.-Sernin de Toulouse, et à tant d'autres. Après le cloître, il est certain qu'on ne pouvait se proposer de perfectionnement de meilleur goût et plus dispendieux; mais en outre de la date des premiers préparatifs, l'état où la construction a été laissée fait bien voir qu'elle ne pouvait pas faire partie de l'ouvrage *commencé*, pour l'achèvement duquel Raymond avait pris les mesures les plus efficaces.

Quant à la tribune au bas de l'église, la masse en est trop lourde et les cintres trop aigus pour indiquer une date antérieure à la fin du 15e siècle ou même au commencement du 16e. Les autels qui étaient autrefois sur cette tribune font penser qu'elle fut élevée lorsqu'on eut tout-à fait renoncé à finir les chapelles d'autour de l'apside. Inutile de parler de l'horloge, qui devait d'ailleurs regarder la Commune.

Quoique l'évêque précité ne parle que d'un ouvrage et non de réparations ou de reconstructions, j'ajouterai que le contrefort en talus qui soutient le clocher date de l'an 1415, comme nous l'apprend un registre de la Fabrique de Ste.-Eulalie conservé à la bibliothèque publique. On trouve au même dépôt, dans un autre de ces registres, qu'en 1448 l'église avait été carrelée en dalles provenant du Tech. La construction entreprise en 1404 y est mentionnée sous le nom de *Chapelles neuves*.

Combien ne doit-on pas regretter que ce soient là les deux seuls cahiers qui restent des archives de cette Fabrique, quand on pense que dans ce qui a péri devaient figurer les comptes relatifs à la colonnade, les noms des artistes, le prix de leurs labeurs, et d'autres particularités intéressantes ou curieuses que nous sommes condamnés à ne jamais connaître !

Second Siége d'Elne.

Le roi d'Aragon Pierre IV, disputant, les armes à la main, à celui de Majorque (Jacques III) la possession de son royaume, dont le Roussillon, comme on sait, était la plus noble partie, vint mettre le siége devant Elne, le 9 juillet 1344. Il s'éleva aussitôt de si grandes dissentions entre les troupes de la garnison et les habitans, qu'ils en vinrent aux mains. Pendant ce combat, des hommes et des femmes, du haut des remparts, appelèrent à leur secours les soldats de l'Aragonnais, et, au moyen de cordes, en firent monter un grand nombre. Ceux-ci ouvrent une porte, et à l'instant les assiégeans se précipitent dans la ville. Les troupes qui la défendaient et partie des habitans se retirèrent dans le fort en se battant à toute outrance. Pendant un jour entier, il y eut dans la ville basse des combats entre l'armée d'Aragon et la bourgeoisie, au point que le roi Pierre y envoya trois personnages de marque pour empêcher le pillage. Mais le désordre et la confusion augmentèrent le lendemain; car, dans le temps qu'on se battait dans la ville basse, les urbains et les soldats du roi Jacques qui se trouvaient dans la ville haute étaient fort peu d'accord entre eux et dans la plus grande méfiance les uns des autres.

Le 11, les bourgeois et le corps le plus considérable de la garnison, enfermés dans le fort qu'on avait construit au milieu de la ville, se trouvèrent réduits aux dernières extrémités. L'eau vint à leur manquer, à cause du grand nombre de personnes qui s'y étaient retirées, ensorte qu'ils se virent forcés à capituler. Il fut convenu que toute la garnison resterait prisonnière, jusqu'à ce que le roi de Majorque eût remis les chevaliers et d'autres notables qu'il retenait en ôtage des villes et places réduites à l'obéissance du vainqueur.

Le lendemain, le fort de la ville haute se rendit. On laissa sortir librement les soldats français qui s'y trouvaient, mais non les chefs roussillonnais, et l'étendard ennemi fut arboré sur la tour de la cathédrale.

Après ce dernier revers, le roi de Majorque se voyant sans appui, vint de Perpignan à la tente du roi d'Aragon, sous les murs d'Elne, et se jetant à ses pieds, il se livra à sa discrétion (V. Zurita).

Troisième Siége.

Louis XI, pendant ses discussions avec Jean II, roi d'Aragon, au sujet de l'engagement du Roussillon, fit marcher une armée, forte de plus de 30,000 hommes, contre cette province, au mépris du traité et de la trève conclue avec le duc de Bourgogne, dans laquelle le même roi Jean était compris. Les troupes italiennes, commandées par Jules de Pise, qui composaient la plus grande partie de la garnison, se voyant menacées d'une attaque, voulurent se retirer dans la ville haute et abandonner la ville basse, dont ils commencèrent à démolir les maisons. Don Bernard d'Oms, gouverneur de la province, chargé de défendre cette place, se rendit à toute hâte à Perpignan, pour en emmener des renforts; mais il y trouva si peu de monde qu'il retourna le même jour à Elne, afin d'empêcher du moins la garnison d'abandonner la ville basse. Le 17 juin 1474, les Français formèrent le siége de la place : ils se postèrent tout près, à St.-Cyprien, au nombre de 500 gens d'armes et de 4,400 francs-archers, en attendant d'autres troupes que devait conduire Jean de Foix. Les assiégés n'étaient nullement en état de résister à tant de forces, et il n'y avait aucun espoir de secours. On fit toutefois quelques efforts pour y en envoyer; mais les ennemis pressèrent si fort le siége, qu'il fallut se rendre, le 5 décembre de la même année. Don Ramon de Centellas, commandant de quelques compagnies de gens d'armes et de cavalerie du royaume de Valence, eut la liberté de se retirer où il voudrait; tandis que don Bernard d'Oms et quelques autres officiers furent conduits au château de Perpignan, où ils eurent la tête tranchée peu de jours après, comme traîtres au roi de France. Rien de plus injuste cependant que cette inculpation, puisque, aux termes du traité et de la trève, les commandans des places, qui en étaient les garans, *devaient se conformer aux ordres du gouverneur général nommé par le roi d'Aragon.*

La durée de ce siége (5 mois 18 jours) atteste l'importance et la force d'Elne à cette époque. Mais dès lors aussi paraît avoir commencé sa décadence.

Pendant 125 ans, nos fastes ne nous apprennent rien de

cette cité, et n'en font enfin mention que pour nous révéler l'état déplorable où elle avait été réduite.

Translation de l'Évêque et du Chapitre.

En 1599, l'Évêque, le Chapitre de Ste.-Eulalie et celui de St.-Jean exposèrent au roi que le commerce était entièrement anéanti à Elne; qu'il n'y restait plus que 240 maisons, uniquement habitées par des ouvriers et des paysans; que les principaux et les plus riches particuliers avaient tous transporté leur domicile à Perpignan; que depuis long-temps les évêques, et la plupart des prébendés, qui étaient nés dans cette capitale, y passaient la plus grande partie de l'année, au grand détriment du culte divin (1) : sur ces motifs, et quelques autres inutiles à rapporter ici, le Roi était supplié de demander au Souverain Pontife que la résidence de l'Évêque et du Chapitre d'Elne fut transférée à Perpignan, ce que S. S. accorda par une bulle expédiée le jour des calendes de septembre 1601, qui reçut son exécution le 30 juin de l'année suivante. Ce déplacement avait été déjà sollicité d'autres fois envain, notamment en 1573, par le Conseil de ville de Perpignan.

Quatrième et dernier Siége.

Dans la guerre que Louis XIII entreprit contre l'Espagne, sur la fin de son règne, et dont le résultat fut la réunion de notre province à la France, la ville d'Elne était un grand obstacle à la prise de Perpignan, en ce qu'elle facilitait le passage des secours que les Espagnols y envoyaient par Collioure : aussi s'occupa-t-on d'abord de s'en rendre maître. Aux premiers jours de juin 1641, le vicomte d'Arpajon vint l'assiéger à la tête de 8,000 fantassins et 1,000 chevaux. La place se défendit vaillamment et avec des succès partagés, jusqu'à la fin du mois que le prince Henri de Condé amenant de nouveaux renforts l'obligea de capituler, à des conditions toutefois honorables. C'est là le dernier trait historique de cette ville.

---

(1) Depuis l'an 1230, où la prévôté (*Capellaniu major*) du Chapitre de St-Jean fut unie à la mense épiscopale, nos évêques eurent, auprès de cette église, un palais qu'ils habitaient plus souvent que celui d'Elne.

Inscriptions Sépulcrales.

Il ne me reste plus qu'à donner quelques éclaircissemens sur les inscriptions sépulcrales encastrées aux murs du cloître et de l'église : elles sont au nombre de 21.

Je transcrirai les plus intéressantes, hormis celles qui ont été déjà publiées; et pour les autres, qui ne constatent à-peu-près que des *obits,* je n'en indiquerai guère que les dates et les noms, avec les titres dont ils sont accompagnés.

Les inscriptions du cloître concernent d'abord quatre évêques : Guillaume Jorda (1186), Artald (1201), Guillaume d'Ortafa (1207); elles se trouvent copiées dans la Gallia, dans Marca et ailleurs. Le quatrième évêque n'est désigné ni par son nom, ni par aucune date. C'est celui que représente, sur le mur, à côté de la porte du cloître qui communique à l'église, un bas-relief en marbre d'environ cinq pieds de hauteur, avec cette épigraphe :

Elle a fait long-temps le désespoir de tous ceux qui ont tenté de la déchiffrer, et qui, peu versés dans la paléographie, et ne songeant qu'à trouver un nom et une date, n'ont pu y rien comprendre, ou se sont égarés au point d'y lire : *Frater Honufrius Reart, obiit,* sans compter que l'évêque Réart mourut en 1622, et fut enterré au vieux St.-Jean de Perpignan.

C'est moi qui le premier ai eu le bonheur de voir un peu clair dans ces caractères barbares, sur le dessin qu'en avait tracé un amateur obligeant, avec une fidélité imparfaitement reproduite par le graveur; et voici comme je les expliquai : *Redde fratri hoperam debitam.* L'addition de *h* à *operam* n'a rien que de conforme à la cacographie du moyen-âge, et il n'y a pas d'autre manière de rendre les abréviations de ce mot et du subséquent que celle que j'ai suivie. Le verbe et le nom que les initiales R. F. m'ont paru indiquer sont susceptibles sans doute de variations quant à la forme, mais non pas quant à leur nature, je pense. Pour mon compte, cette phrase aurait été une de ces sentences dont usaient autrefois bon nombre d'évêques dans leurs souscriptions (Dom de Vaines). Mais les réflexions que m'imposait le travail de ces *Notices* m'ont appris qu'elle devait avoir plutôt pour objet de rappeler au clergé, peut être aussi aux simples fidèles, leurs obligations envers le prélat dont ils avaient l'image sous les yeux, et qu'il est mieux de lire en conséquence : *Reddite fratri*, ou, *fratres, operam debitam*.

L'essentiel est de savoir quel était ce prélat qu'il avait paru inutile de nommer sur son monument funèbre. Il est aisé de voir et très rationnel de croire que, puisqu'on ne peut le reconnaître à l'épigraphe, c'est dans l'*esprit* du monument qu'il faut tâcher de le découvrir (1).

Le bas relief offre un évêque en pied, les bras croisés sur la poitrine, la crosse à côté. Du milieu de sa mitre, tournée et ouverte sur le devant, sort une main qui de deux doigts allongés donne la bénédiction, entre deux enfans portant chacun un encensoir. Assurément il y a là une allusion à quelque grande cérémonie pontificale, extraordinaire et digne de mémoire. Mais l'épiscopologie diocésaine n'en signale et n'a pu en signaler aucune d'aussi importante que celle de la consécration de l'église cathédrale, faite aux calendes de septembre 917, par l'évêque Helmérade, avec toute la pompe et les pieuses donations alors d'usage en pareille circonstance. (Voir plus haut, p. 12—15). Helmérade sera donc le vrai mot de l'énigme.

Cette explication reçoit un nouveau motif de certitude, non seulement du style de la sculpture, mais encore et plus particulièrement de l'écriture sinueuse de l'épigraphe; car, selon les enseignemens de la diplomatique, ce genre d'écriture commença au 8e siècle, devint rare au 11e (2) et fut abandonné au 12e (Dom de Vaines, *Dictionn. de Diplomatique*, tom. 1, pag. 475). Il n'est pas nécessaire de dire de quel intérêt peut

---

(1) Ce que nous appelons l'esprit ou l'ame d'un monument, dit Millin, en est toujours la partie principale. Elle consiste soit dans les inscriptions, soit dans les figures peintes ou sculptées, qui peuvent être historiques ou allégoriques. De pareils ouvrages doivent dire plus que la simple écriture, parce que sans cela on préférerait celle-ci. (*Dictionnaire des Beaux-Arts*)

(2) L'inscription de l'an 1069, au sujet de l'autel d'argent, et celle de l'an 1020, sur la porte de l'église de St.-Genis, ne présentent déjà aucune forme graphique de cette espèce.

être cette découverte, si toutefois les personnes instruites et judicieuses partagent mes convictions à cet égard, autant qu'il me semble permis de l'espérer (1).

Dans le cloître sont encore les épitaphes des quatre ecclésiastiques suivans :

1309, 3 des nones de février, Arnald Rainier, docteur ès-lois, chanoine et succenteur. Il est représenté sur un lit funèbre entouré d'un cortége de prêtres dans l'appareil d'un convoi.

1311, 7 des ides de février. Jacques Marti, ancien chapelain de Ste.-Marie-la-mer, official d'Elne. Sur le marbre de ce monument, d'environ 2 pieds ½ de haut, est sculptée l'image d'un prêtre barbu, en chasuble du temps.

1315, 12 des calendes de mars. Bernard de Codalet, chanoine et succenteur. Figure sépulcrale en dalmatique, couchée sur un lit de parade soutenu par deux lions et orné d'écussons en blanc.

1316, 16 des cal. de juin. Arnald de Peramola, précenteur, et Gaucerand de Peramola, prêtre, mort en 1314, qui fonda la fête de saint Antoine.

Dans l'église. — Chapelle de saint Antoine et de sainte Agnès.

1340, 12 des calendes de février. Gilles Batlle, bénéficier, qui fit construire la chapelle de sainte Agnès et institua la fête de cette sainte. Monument dans le genre de celui d'Arnald Rainier.

Chapelle du Saint-Sacrement. — Je publie l'épitaphe qui s'y trouve, moins pour son importance que parce qu'elle n'est nul-

---

(1) On prétend qu'autrefois c'était la coutume, à certain jour de l'année, d'asperger avec du vin blanc la pierre que nous venons d'examiner. Quelque étrange que paraisse d'abord cette assertion, et malgré les dénégations qui m'en ont été données sur les lieux, je suis loin de la croire sans fondement, depuis que j'ai lu, dans les notes de Barasco, déjà citées, que, le samedi saint, le Chapitre était tenu de faire laver le maître-autel avec du vin blanc et des plantes aromatiques. Je vois aussi dans le savant liturgiste Dom Claude de Vert, que pareille cérémonie avait lieu dans beaucoup d'églises : on y lavait, dit-il, les autels avec du vin et de l'eau, le samedi saint. Dans quelques localités, ajoute-t-il, on lavait même l'église entière, à commencer dès le vendredi ou le jeudi, si un ou deux jours ne suffisaient pas. Cette particularité achève de faire comprendre que l'on pouvait bien, à Elne, purifier, de même que le maître-autel, le monument du vénérable évêque qui, je le répète, avait consacré l'église ; ensorte que cet hommage émanerait et témoignerait à la fois du fait établi par l'interprétation du monument.

lement connue. Les premiers, depuis quelques siècles sans doute, nous l'avons lue, il y a deux ans, M. J.-B. de St.-Malo et moi, après en avoir enlevé la chaux qui la recouvrait. Elle est sur un marbre où figure en bas-relief l'image de St. Pierre, partie au haut et partie au bas de la bordure.

Anno Domini mccexx, idus augusti, obiit venerabilis dominus P. Coste, archidiaconus Native ac canonicus Narbone, suscentor et canonicus in ecclesia Elne, qui instituit

unum sacerdotem et suum anniversarium et festum sanctorum Justi et Pastoris in ecclesia Elne; cujus anima per misericordiam Dei requiescat in pace.

Il y a apparence que c'est ce même dignitaire que concerne le monument funèbre encastré dans le mur en face de son épitaphe.

Sur la façade de l'église, en sortant à droite :

Ire pierre. — 1227, 6 des calendes de janvier. Bérenger de Cantallops, archidiacre d'Elne, qui fit diverses fondations pieuses, et son frère Jausbert de Cantallops mort en 1234.

IIe pierre. — 1300, 7 des ides de décembre. Udalguer de Pontons, archidiacre du Vallespir.

En sortant à gauche.

Ire pierre. —

Anno Christi mccexx, vi kalendas jannarii, obiit Guillelmus Jordani de Soserio, elnensis archidiaconus qui dedit episcopo et ecclesie elnensi castrum de Soserio, et auxit victum canonicalem singulis diebus qui appellantur tristes (1)

---

(1) Jours d'abstinence et de jeûne.

in uno denario, tam canonicis quam aliis ecclesiasticis et instituit unum presbiterum in eadem ecclesia perpetuo qui in die sui anniversarii debet semper duodecim sacerdotes procurare et unicuique quatuor denarios dare et xii pauperes honorifice rejicere et septuaginta quinque libras canonicales (1), eadem die pauperibus hostiatim petentibus errogare.

IIe pierre. — 1240, 4 des nones de mars. Pierre d'Ortafa, archidiacre d'Elne.
IIIe pierre. — 1212, aux nones de septembre. Arnald précenteur.
En sortant par la porte latérale de l'église.
Ire pierre, à droite.

Elna virens quondam nec marcida flore caduco,
Debilis, amisso lumine, cocca jacet.
Flebilis ergo dolet de morte jacentis alumni,
Non habitura parem nec viduata pari.
Fama, decor, probitas quae secula nostra tulerunt,
Morte, Raimunde, tua precipitata ruunt.
Idus obis quinto junii Christique sub annis
Undecies centum, quatuor undecies. (1144).

Cette épitaphe d'une élégance, soit dit en passant, remarquable pour l'époque(2), a donné lieu à d'inconcevables hallu-

---
(1) Censuelles.
(2) Il est vrai qu'on y fait brève la diphtongue *ai* de *Raimunde*; mais de pareilles licences se trouvent dans Ausone, Prudence et Fortunat (V. Port-Royal). Le 7e vers serait faux, s'il n'était pas possible d'y admettre l'élision archaïque du *s* dans *idus*, outre la contraction de *ii* dans *junii*.

cinations. Quoiqu'on n'y lise absolument rien qui puisse faire soupçonner que ce Raimond fût évêque, MM. de Ste.-Marthe l'ont placé sur le siége d'Elne, sans égard, d'ailleurs, à celui qui l'occupait alors. Ensuite, Baluze, suivi par Taberner, préoccupé de la même idée, mais embarrassé par la date, s'est avisé de le confondre avec Raimond III, mort en 1216, prétendant en conséquence qu'il y avait erreur sur la pierre, et qu'il fallait substituer 1216 à 1144. (*Marca hisp.*, col. 498.)

A quel personnage cependant peuvent s'adresser ces pompeux éloges ? Je crois avoir découvert que c'est très probablement à un chevalier nommé Raimond de Montesquiu qui, se voyant atteint d'une maladie dangereuse, testa précisément en 1144 et le 2 des nones de septembre, c'est-à-dire, deux mois, huit jours avant la date nécrologique de l'épitaphe. Son testament consigné dans le cartulaire du Temple, fol. 43, annonce un seigneur opulent, magnifique et religieux.

IIe pierre. — 1162, 3 janv. Pierre Ferrand, archidiacre. Epitaphe en 6 vers léonins : je n'en rapporte que les deux premiers.

Te, Petre, petra premit quem non à morte redemit
Mens bona, laus oris, genus almum, culmen honoris.

IIIe pierre. — 1415, 13 des calendes de janvier. Pierre Balaguer, prêtre, qui fonde une messe dans l'église de St. Jacques d'Elne.

IVe pierre. — 1275, 3 des nones d'août. Guillaume de Claira.
V^e pierre. — 1301, 15 des cal. d'oct. Pierre Cerda d'Elne.
A la gauche de la même porte.
— 1312, 17 des ides d'août. Bérenger de Costafreda, chanoine.

FIN.

Perpignan.— Imprimerie de J.-B. Alzine, — 1836.

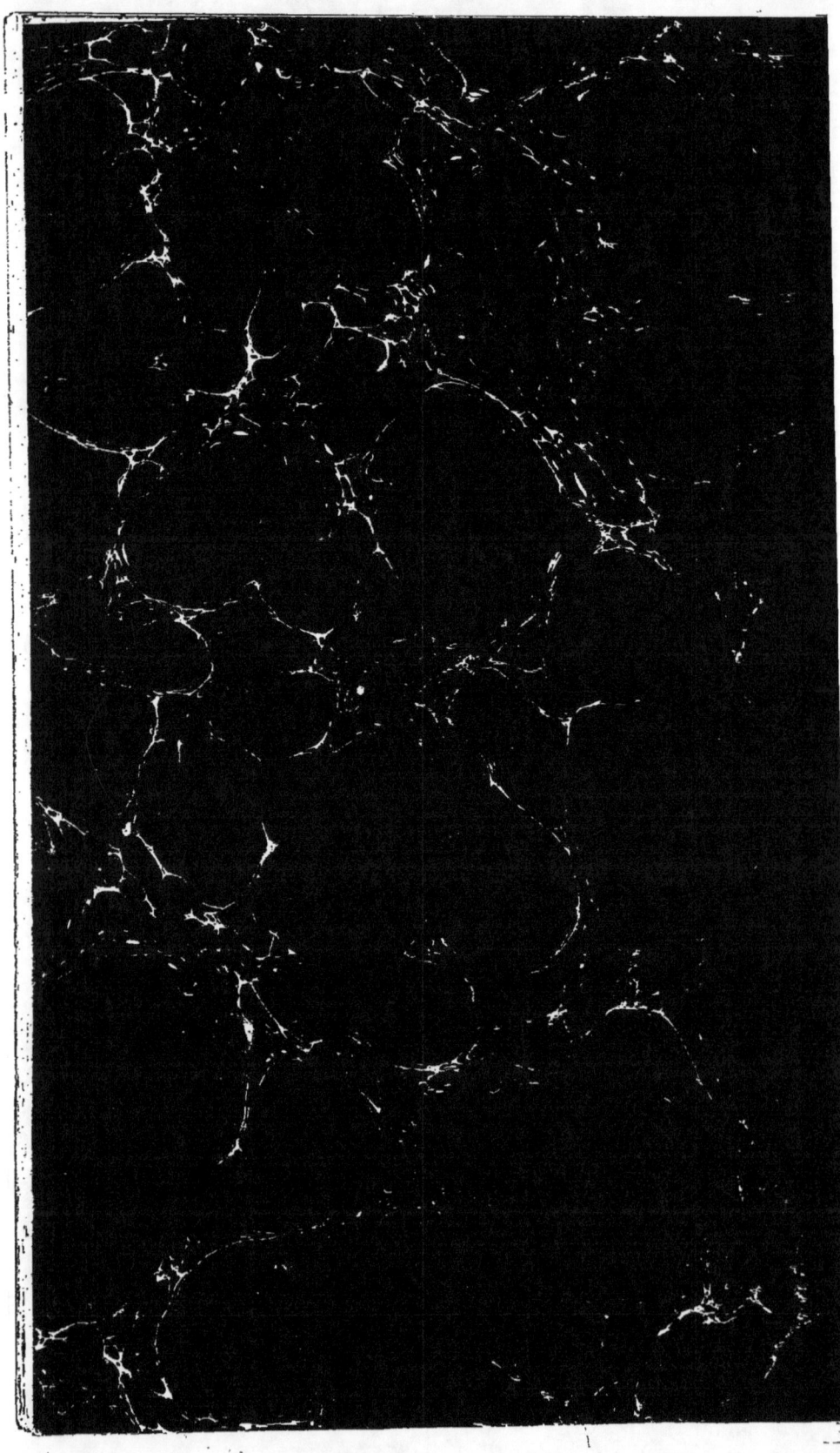

www.ingramcontent.com/pod-product-compliance
Lightning Source LLC
LaVergne TN
LVHW022209080426
835511LV00008B/1662